알쏭달쏭 속담사전

알쏭달쏭
속담 사전

어휘력이 쑥쑥 자라는

글 한지혜 | 그림 최고은

사슴뚱

작가의 말

재미있게 속담을 익혀 보세요

안녕하세요. 친구들.
여러분에게 재미있는 속담 이야기를 들려 줄 한지혜 선생님이에요.

속담, 많이 들어 보았죠?
일상에서 많이 쓰이긴 하지만
여러분이 듣기엔 참 알쏭달쏭한 말일 거예요.
"옛날 유명한 사람이 한 명언인가?"라고 생각할 수도 있어요.
헷갈리지요?
속담은 입에서 입으로 전해진 오래된 말이에요.
오랜 세월 많은 사람들에게 계속 쓰였지요.

속담에는 특별한 힘이 숨어 있어요.
바로 시간이 지나도 변하지 않는 지혜가 담겨 있다는 거지요.
말이나 글을 길게 늘어놓는 것보다
적절한 속담 한마디가 더 분명하고 설득력이 있어요.

그래서 말이나 글에 속담이 들어가면
표현이 풍성해지고 잘 전달되는 힘이 생겨요.
유쾌하게 상대방을 웃기거나 서로 공감할 수 있어요.
반대 상황에서도 마찬가지예요.
속상하거나 화나는 상황에 내 마음을 드러내면서도
상대의 기분을 상하지 않게 전달할 수 있어요.
속담을 많이 알아 두면 여러분의 세상이 넓어진답니다.

그런데 속담은 조금 옛날에 지어진 말이라
그냥 외우면 어렵게 느껴질 수 있어요.
친구들이 잘 기억할 수 있도록, 선생님이 재미있는 이야기와
귀여운 그림으로 쉽게 풀어서 설명했답니다.

자, 그럼 우리 재미있게 속담을 익혀 볼까요?

이 책은 이렇게 봐요

알쏭달쏭 속담이에요.

속담이 담은 뜻과 지혜예요.

속담의 띄어쓰기를 확인해요.
따라 쓸 수도 있어요.

일상 속 재미있는 이야기로
속담을 설명해요.
그림과 함께 보세요.

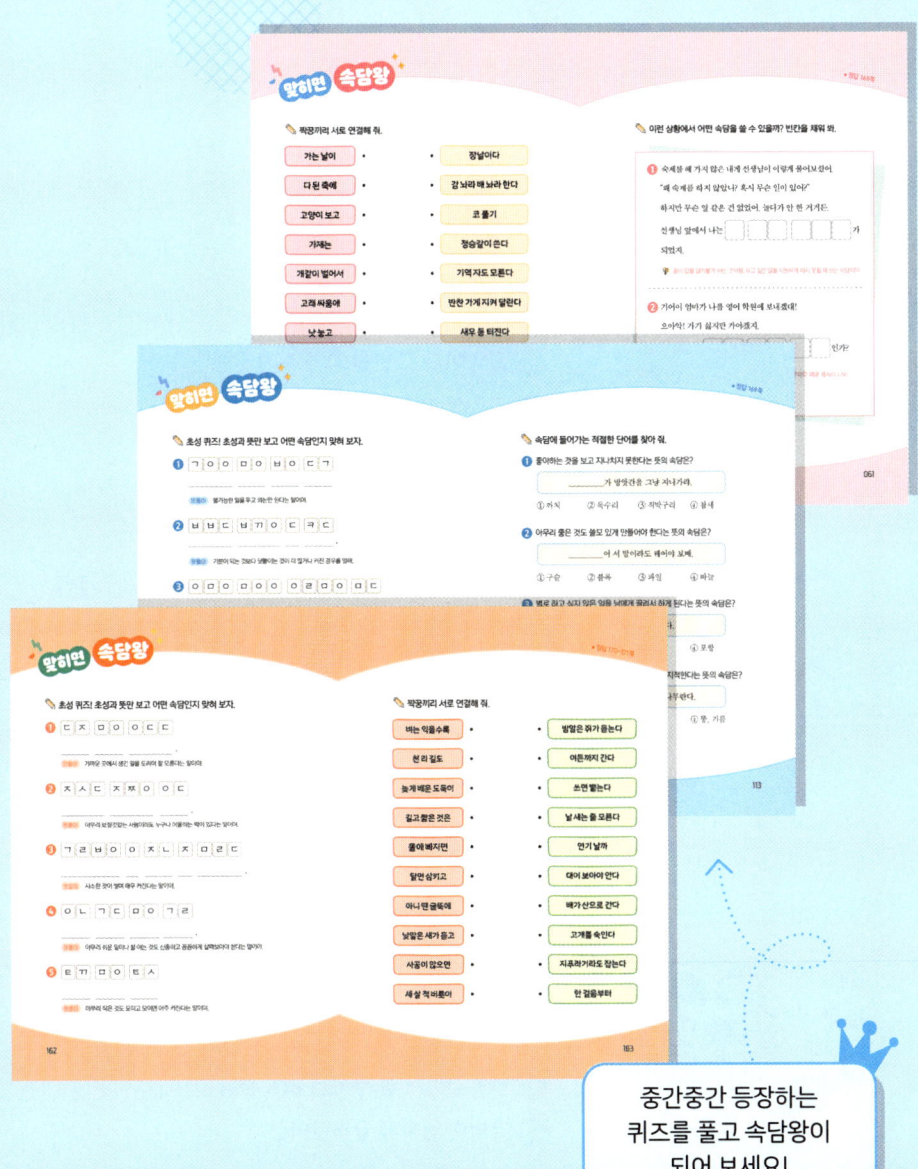

중간중간 등장하는 퀴즈를 풀고 속담왕이 되어 보세요!

007

차례

작가의 말 재미있게 속담을 익혀 보세요 　004
이 책은 이렇게 봐요 　006

PART 01
푸하하,
재미있는
속담

① 가는 날이 장날이다 　014
② 가재는 게 편이다 　016
③ 간에 기별도 안 가다 　018
④ 개같이 벌어서 정승같이 쓴다 　020
⑤ 고래 싸움에 새우 등 터진다 　022
⑥ 고양이 보고 반찬 가게 지켜 달란다 　024
⑦ 고양이 쥐 생각 　026
⑧ 그림의 떡 　028
⑨ 꿀 먹은 벙어리 　030
⑩ 남의 잔치에 감 놔라 배 놔라 한다 　032
⑪ 낫 놓고 기역 자도 모른다 　034
⑫ 눈코 뜰 새 없다 　036
⑬ 다 된 죽에 코 풀기 　038
⑭ 땅 짚고 헤엄치기 　040
⑮ 마른하늘에 날벼락 　042
⑯ 못 먹는 감 찔러나 본다 　044
⑰ 불난 집에 부채질한다 　046
⑱ 아닌 밤중에 홍두깨 　048
⑲ 앓던 이가 빠진 것 같다 　050
⑳ 약방에 감초 　052
㉑ 울며 겨자 먹기 　054
㉒ 하룻강아지 범 무서운 줄 모른다 　056
㉓ 호박이 넝쿨째 굴러떨어졌다 　058
🍣 맞히면 속담왕 　060

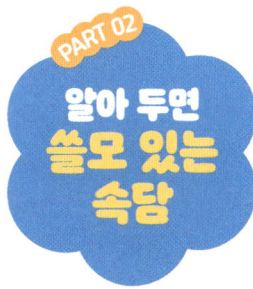

PART 02 알아 두면 쓸모 있는 속담

- ㉔ 고양이 목에 방울 달기　　　　　　　**064**
- ㉕ 공든 탑이 무너지랴　　　　　　　　**066**
- ㉖ 구르는 돌에는 이끼가 끼지 않는다　　**068**
- ㉗ 구슬이 서 말이라도 꿰어야 보배　　　**070**
- ㉘ 귀에 걸면 귀걸이, 코에 걸면 코걸이　**072**
- ㉙ 꿩 대신 닭　　　　　　　　　　　　**074**
- ㉚ 꿩 먹고 알 먹고　　　　　　　　　　**076**
- ㉛ 내 코가 석 자다　　　　　　　　　　**078**
- ㉜ 누이 좋고 매부 좋다　　　　　　　　**080**
- ㉝ 눈 감으면 코 베어 먹을 세상　　　　**082**
- ㉞ 똥 묻은 개가 겨 묻은 개 나무란다　　**084**
- ㉟ 뛰는 놈 위에 나는 놈 있다　　　　　**086**
- ㊱ 바늘방석에 앉은 것 같다　　　　　　**088**
- ㊲ 발 없는 말이 천 리 간다　　　　　　**090**
- ㊳ 배보다 배꼽이 더 크다　　　　　　　**092**
- ㊴ 빛 좋은 개살구　　　　　　　　　　**094**
- ㊵ 수박 겉핥기　　　　　　　　　　　　**096**
- ㊶ 싼 게 비지떡　　　　　　　　　　　**098**
- ㊷ 윗물이 맑아야 아랫물이 맑다　　　　**100**
- ㊸ 작은 고추가 맵다　　　　　　　　　**102**
- ㊹ 참새가 방앗간을 그냥 지나가랴　　　**104**
- ㊺ 친구 따라 강남 간다　　　　　　　　**106**
- ㊻ 콩 한 쪽도 나누어 먹는 사이　　　　**108**
- ㊼ 하나를 보면 열을 안다　　　　　　　**110**
- 🎤 맞히면 속담왕　　　　　　　　　　　**112**

특히 토론할 때 유용하게 써먹는대

PART 03

인생의 진리를 담은 속담

㊽ 가랑비에 옷 젖는 줄 모른다 116
㊾ 개구리 올챙이 적 생각 못 한다 118
㊿ 급히 먹는 밥이 체한다 120
(51) 길고 짧은 것은 대어 보아야 안다 122
(52) 남의 떡이 더 커 보인다 124
(53) 낮말은 새가 듣고 밤말은 쥐가 듣는다 126
(54) 늦게 배운 도둑이 날 새는 줄 모른다 128
(55) 달걀로 바위 치기 130
(56) 달면 삼키고 쓰면 뱉는다 132
(57) 등잔 밑이 어둡다 134
(58) 물에 빠지면 지푸라기라도 잡는다 136
(59) 백지장도 맞들면 낫다 138
(60) 벼는 익을수록 고개를 숙인다 140
(61) 사공이 많으면 배가 산으로 간다 142
(62) 세 살 적 버릇이 여든까지 간다 144
(63) 시작이 반이다 146
(64) 아는 길도 물어 가라 148
(65) 아니 땐 굴뚝에 연기 날까 150
(66) 좋은 약은 입에 쓰다 152
(67) 짚신도 제짝이 있다 154
(68) 천 리 길도 한 걸음부터 156
(69) 첫술에 배부르랴 158
(70) 티끌 모아 태산 160
맞히면 속담왕 162

속담 찾아보기 164
정답 168

조상님의 경험에서
우러나온 말이니까
새겨들어라

속담에는 특별한 힘이 숨어 있어.

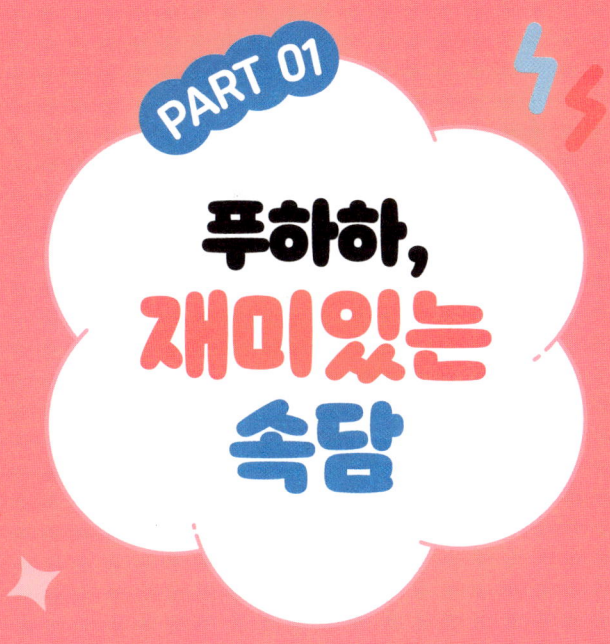

PART 01
푸하하, 재미있는 속담

01 가는 날이 장날이다

가	는		날	이		장	날	이	다.

어떤 일을 하려고 하는데 **뜻하지 않은 일을 당했다는** 뜻이야.

지훈이가 떡볶이를 사 준대!
웬일이래? 해가 서쪽에서 뜨겠어.
아마 지훈이한테 좋은 일이 생겼나 봐.

룰루랄라.
떡볶이집 앞에 왔어.
그런데 잠깐.
문 앞에 뭐라고 쓰여 있지?

02 가재는 게 편이다

가	재	는		게		편	이	다	.

비슷한 사람끼리 서로 한 편이라는 말이야.

급식 식판을 들고 자리로 가고 있었어.
갑자기 친구가 뛰어와 세게 부딪쳤어.
새빨간 김칫국물이 여기저기 튀었어.

"야! 사과해! 네가 부딪쳤잖아!"
"야! 식판 들고 있는 네가 앞을 잘 보고 다녔어야지!"
"급식실에서 뛴 네 잘못이지!"

팽팽하게 말싸움하는 그때,
친구의 쌍둥이 언니가 다가와 하는 말.
"내 동생이 잘못했을 리가 없잖아. 네 잘못임!"
이유도 상황도 들어 보지도 않고 자기 동생 편을 드네.

"너희 둘, 쌍둥이면 다냐! 가재는 게 편이라더니!"

03 간에 기별도 안 가다

간	에		기	별	도		안		가
다	.								

🔴 먹은 것이 너무 적어서 **먹으나 마나 하다**는 뜻이야.

※ ※ ※

받아 온 급식을 다 먹었어.
왜 이렇게 조금만 주시는 거야?
이것 가지고는 간에 기별도 안 간다고.

"한 번만 더 주세요!"
"그건 안 돼. 정해진 양을 지켜서 먹어야지."

설마, 내가 요새 살이 쪄서
급식을 더 안 주시나?
내 속마음을 읽기라도 하셨는지
선생님이 말씀하시네.

"남들도 먹어야 하잖니. 뒤에 줄 서 있는 것 좀 보렴!"

※ ※ ※

04 개같이 벌어서 정승같이 쓴다

| 개 | 같 | 이 | | 벌 | 어 | 서 | | 정 | 승 |
| 같 | 이 | | 쓴 | 다 | . | | | | |

• **벌 때는 열심히 벌고 쓸 때는 보람 있게 써야 한다는 말이야.**

❋ ❋ ❋

달란트 시장이 열렸어.
발표를 세 번 하면 달란트 한 개를 받아.
급식을 남기지 않고 모두 먹으면 달란트가 두 개.
숙제를 성실히 하면 달란트가 한 개.

달란트를 열 개 모으면 학용품과 바꿀 수 있어.

나는 달란트 백 개를 모아서,
한 번에 학용품 열 개를 받을 테야!

❋ ❋ ❋

05 고래 싸움에 새우 등 터진다

강한 사람들끼리 싸우는 통에
아무 상관 없는 약한 사람이 피해를 입는다는 말이야.

✽✽✽

숙제를 누구보다도 빠르게 끝냈어.
이제 곧 만화를 볼 시간이거든.
기쁜 마음으로 텔레비전 앞에 앉았어.

앗, 거실에서 형과 누나가 큰 소리로 싸우고 있어.
큰 소리를 내고 텔레비전 앞을 가로막고 있으니
텔레비전을 볼 수가 없어.
형과 누나 싸움에 나만 피해를 보네.
이 일을 어떡하지? 눈 딱 감고 싸움을 말려 봐?

그때 들려 오는 엄마의 쩌렁쩌렁한 목소리.

"너희 모두 방으로 들어가!"

✽✽✽

06 고양이 보고 반찬 가게 지켜 달란다

고양이 보고 반찬
가게 지켜 달란다.

믿을 수 없는 사람에게 소중한 것을 맡긴다는 말이야.
고양이한테 반찬 가게를 맡기면 고양이가 반찬을 먹을 것이 뻔하겠지?

동생과 맛있게 젤리를 먹고 있었어.
학원 갈 시간이 되어서 동생에게 이렇게 말했지.

"젤리 좀 맡아 줘. 학원 다녀올게."

학원이 끝나자마자 집에 달려와
동생에게 물었지.

"내 젤리 어딨어?"

동생은 가만히 자기 배를 가리켰어.

07 고양이 쥐 생각

고	양	이	쥐	생	각	

- 쥐를 잡아먹는 고양이가 쥐를 생각해 줄 리 없듯이, **당치 않게 겉으로 생각해 주는 척한다**는 말이야.

♥♥♥

에어로켓 발사 대회 날이야.
이날을 위해 얼마나 열심히 준비했는지 몰라.

으악, 나는 10등을 했어.
1등 성현이를 이길 수 있었는데 너무 아까웠어.

부글부글.
전혀 축하하고 싶지 않았지만 이를 꽉 깨물고 말했지.

"성현아, 1등 축하해!"

하지만 두고 봐.
다음 에어로켓 발사 대회에서는
무슨 수를 써서라도 성현이를 꺾고
1등을 차지하고 말 테니!

♥♥♥

08 그림의 떡

그	림	의		떡				

● 아무리 **마음에 들고** 갖고 싶어도 갖지 못하는 경우를 가리켜.

학교 엘리베이터를 타려면 조건이 있어.
몸이 아프거나 무거운 물건을 들고 있어야 해.

그래서 나는 엘리베이터를 탈 수 없어.
아픈 곳도 없고 무거운 물건을 들지도 않았거든.

하지만 오늘따라 왠지 타고 싶어.
5층 교실까지 올라가려니 까마득하잖아!
엘리베이터가 눈앞에 있는데
엘리베이터를 지나쳐 계단으로 오르려니
한숨이 절로 나오네.

나한테 엘리베이터는
그림의 떡이네, 그림의 떡.

09 꿀 먹은 벙어리

꿀		먹	은		벙	어	리	

꿀이 입을 달라붙게 하는 것처럼,
하고 싶은 말을 시원하게 하지 못하는 상황을 말해.

▲ ▲ ▲

내 생일 파티에 환이를 초청하고 싶어.
환이가 파티에 올 수 있을까?
시간은 될까?
싫다고 하면 어쩌지?
괜찮아, 뭐 어때! 용기를 내서 말해 보자!

"환이야, 저……."
"응! 뭔데? 무슨 할 말 있어?"
"응…… 저기, 저……."

환이 앞에만 서면 나는
꿀 먹은 벙어리가 돼.

10 남의 잔치에 감 놔라 배 놔라 한다

남의 잔치에 감 놔라 배 놔라 한다.

자기 일도 아닌 **남의 일에 쓸데없이 이래라저래라 참견한다**는 말이야.

11월 11일은 빼빼로 데이!
학교 가서 친구들이랑 나누어 먹으려고
빼빼로를 준비했어.
함께 나누어 먹을 생각에 정말 신나.

갑자기 언니가 내 방으로 들어오더니
참견질 시작!

"가방 앞주머니에 세 개 넣고,
양옆 주머니에 두 개씩 넣고,
보조 가방에 세 개 더 넣으면 되잖아!"

내가 알아서 정리할 건데
언니가 왜 공연히 감 놔라 배 놔라야?
자기 일이나 잘할 것이지.

11 낫 놓고 기역 자도 모른다

낫		놓	고		기	역		자	도
모	른	다	.						

- 기역 자 모양으로 생긴 낫을 보고도 기역 자를 모를 정도로 **무식한 사람**을 나타내는 말이야.

연필 놓고 1도 모른다

돛단배 놓고 4도 모른다

기역 자 놓고 7도 모른다

안경 놓고 8도 모른다

12 눈코 뜰 새 없다

눈	코		뜰		새		없	다	.

• 눈과 코를 뜰 여유도 없을 정도로 **바쁘고 정신없다**는 말이야.

걸레로 교실 바닥을 닦으려면
걸레가 촉촉해야 해.

교실 앞을 조금 닦았더니 걸레가 목마르대.
빨리 물 마시게 해 줘야겠어.
수돗가에 가서 걸레에 물을 줘.
물을 마신 걸레로 교실 뒤를 조금만 닦으면
또 목이 마르다고 울어.

걸레는 왜 이렇게 목이 빨리 마를까?
쉴 새 없이 물을 주고 또 줘야 해.
바쁘다 바빠!

13 다 된 죽에 코 풀기

다	된	죽	에	코	풀
기					

잘되던 일이 **예상치 못하게 실패했다**는 말이야.
일을 망쳐 버리는 주책없는 행동을 말하기도 해.

친구들과 함께
교실 앞문에서 교실 뒤 사물함까지
도미노 패 500개를
기찻길 모양으로 세우기로 했어.

10개, 50개, 100개, 200개, 300개,
으아아! 드디어 끝이 보여.
조금만 더 하면……!

"에취!!!!!!!!!!!!!"

14 땅 짚고 헤엄치기

땅		짚	고		헤	엄	치	기

아주 하기 쉬운 일이라는 뜻이야.

예진이는 수영을 어찌나 잘하는지
마치 한 마리 물개 같아.
너무 궁금해서 물어봤어.

"예진아, 수영 잘하는 비결이 뭐야?"

"헤헷. 손으로 바닥을 짚고 헤엄치면 돼."

15 마른하늘에 날벼락

마	른	하	늘	에		날	벼	락	

🔴 **예상하지 못한 좋지 않은 일이 생겼다는 말이야.**

✳︎✳︎✳︎

룰루랄라.

오늘은 급식으로 돈까스가 나온대!

내가 좋아하는 체육 수업도 있어.

즐거운 일만 가득한 하루가 될 것 같아.

그런데, 학교에 갔는데……

생각지도 못한 일이 일어났어.

내가 좋아하는 친구가

오늘 다른 학교로 전학을 간대…….

이게 웬 마른하늘에 날벼락이지?

✳︎✳︎✳︎

16. 못 먹는 감 찔러나 본다

못	먹는	감	찔	러	나
본	다.				

내가 갖지 못하면 심술을 부려
다른 사람도 갖지 못하게 하는 뒤틀린 마음을 말해.

친구들은 전부 지혜의 생일 파티에 가는데,
나만 학원 시간이 겹쳐서 못 가.
꼭 가고 싶었는데!

이렇게 된 거 생일 파티를 망쳐 버릴까?
그래, 지혜가 감기에 걸렸다고 거짓말을 하는 거야.
지혜의 선물을 사러 문방구에 온 민정이에게
이런 소문을 퍼뜨려 버릴까?
"민정아, 너 지혜가 감기 걸린 거 알아?
생일 파티에 가면 감기가 옮을지도 몰라."

못 먹는 감 찔러나 보는 나의 못난 마음.
이러면 안 되는 걸 알지만
서운하고 섭섭한 걸 어떡해.

17. 불난 집에 부채질한다

불	난		집	에		부	채	질	한
다	.								

**어려운 처지에 놓인 사람을 더욱 어렵게 만드는 행동을 말해.
성난 사람을 더욱 성나게 하는 행동을 가리키기도 해.**

아침에 늦잠을 잤어.
헐레벌떡 뛰어왔지만 결국 지각하고 말았어.

결국 선생님께 혼나고 말았어.
마음이 좋지 않지만 내 잘못이니 어쩌겠어.

"지각하지 않도록 해요. 알았죠?"
선생님의 꾸중이
거의 끝나 가는 그때였어.

"선생님, 얘 발 보세요!
실내화도 안 가지고 왔어요!"

선생님의 말씀이 다시 시작됐어.

18 아닌 밤중에 홍두깨

아	닌		밤	중	에		홍	두	깨

> 홍두깨는 빨래를 두들길 때 쓰는 도구로 시끄러운 소리가 나서 밤에는 쓰지 않아. 즉 **예상치 못한 상황이 벌어졌다**는 말이야.

후두두둑, 우르릉 쾅쾅.
비가 엄청나게 쏟아지고 있어.
창밖으로 내다본 세상은
온통 물로 가득해.

아침에는 하늘이 깨끗했는데
이게 무슨 일이지?

우산도 장화도 없는데
어떻게 집에 가지?

19 앓던 이가 빠진 것 같다

앓던 이가 빠진 것 같다.

🔴 걱정하던 일이 **속 시원하게 해결되었다는** 말이야.

중간 놀이 시간에 우유를 먹어야 해.
그런데 오늘 아침에 밥을 많이 먹었는지 배가 살살 아파.

우유를 먹으면 배가 더 아플 것 같은데 어떡하지?
우유를 못 먹겠다고 선생님한테 말할까?
우유 당번한테 우유를 주지 말라고 할까?
가방에 넣어 가져갈까? 가는 길에 터지면 어떡하지?
아아! 머리가 터질 것 같은데,
이때 친구가 하는 말.

"맛있다~ 오늘 우유 안 먹을 사람~? 내가 먹어 줄게."
나는 누구보다도 빠르게 외쳤어.
"나! 내가 줄게!"

20 약방에 감초

약	방	에		감	초			

어떤 일이든 빠지지 않는 사람 혹은 물건을 가리키는 말이야.
한약을 지을 때 달달한 감초는 꼭 들어가거든!

놀이터에 미끄럼틀을 타러 갔어.
찬이도 함께 갔지.

중간 놀이 시간, 축구를 하러 운동장에 나갔어.
찬이가 나서서 팀을 정했어.

누군가 외쳤어.
"마피아 게임 할 사람!"
찬이가 제일 먼저 달려가네?

찬이는 노는 일에는 절대 빠지지 않아!

21 울며 겨자 먹기

울	며		겨	자		먹	기	

: **하기 싫은 일을 억지로 한다**는 말이야.

내일부터 줄넘기 학원을 다니게 됐어.
으으, 나는 운동이 너무 싫어.
숨쉬기 운동, 걷기 운동이면 충분한 것 같은데.

울며 겨자 먹는 격으로
줄넘기 학원에 가는 이유가 뭐냐고?
건강검진을 받았는데, 내가 비만이래.

정상 몸무게를 되찾고
줄넘기 학원도 빨리 그만두고 싶어.

22. 하룻강아지 범 무서운 줄 모른다

| 하 | 룻 | 강 | 아 | 지 | | 범 | | 무 | 서 |
| 운 | | 줄 | | 모 | 른 | 다 | . | | |

: 약하고 세상 물정 모르는 사람이 철없이 함부로 덤빈다는 말이야.

"형, 나랑 자전거 대결하자!"
이웃집 동생이 대결을 청해 왔어.

어라, 그런데 얘 봐라?
아직 세발자전거를 타네?
진작 세발자전거를 떼고
두발자전거로 온 동네를 누비는 나에게
도전장을 내밀어?

하룻강아지 범 무서운 줄 모르네.

어떡하지?
대결해서 하룻강아지에게 쓴맛을 보게 할까?
아니면 봐줄까?

23 호박이 넝쿨째 굴러떨어졌다

호박이 넝쿨째 굴러떨어졌다.

> 뜻밖에 좋은 물건을 얻거나 우연히 좋은 일이 생김을 이르는 말이야.

🌸 🌀 🌸

책장 위에 먼지가 뽀얗게 쌓여 있는 걸 발견했어.
청소와는 거리가 멀지만
이 정도 먼지를 모른척할 수는 없지.
그래서 책장 청소에 돌입!

쓱싹쓱싹, 책을 이리저리 움직이며
책장을 걸레로 닦아 나갔지.

그런데 오잉? 이게 뭐지?
초록색 지폐! 만 원짜리잖아?
이얏호!

🌸 🌀 🌸

✏️ 짝꿍끼리 서로 연결해 줘.

가는 날이 •	• 장날이다
다 된 죽에 •	• 감 놔라 배 놔라 한다
고양이 보고 •	• 코 풀기
가재는 •	• 정승같이 쓴다
개같이 벌어서 •	• 기역 자도 모른다
고래 싸움에 •	• 반찬 가게 지켜 달란다
낫 놓고 •	• 새우 등 터진다
남의 잔치에 •	• 범 무서운 줄 모른다
못 먹는 감 •	• 찔러나 본다
하룻강아지 •	• 게 편이다

✏️ **이런 상황에서 어떤 속담을 쓸 수 있을까? 빈칸을 채워 봐.**

❶ 숙제를 해 가지 않은 내게 선생님이 이렇게 물어보셨어.

"왜 숙제를 하지 않았니? 혹시 무슨 일이 있어?"

하지만 무슨 일 같은 건 없었어. 놀다가 안 한 거거든.

선생님 앞에서 나는 ☐☐☐☐☐☐가 되었지.

💡 꿀이 입을 달라붙게 하는 것처럼, 하고 싶은 말을 시원하게 하지 못할 때 쓰는 속담이야.

❷ 기어이 엄마가 나를 영어 학원에 보내겠대!

으아악! 가기 싫지만 가야겠지.

이런 게 바로 ☐☐☐☐☐☐인가?

💡 하기 싫은 일을 억지로 한다는 말이야. 이 속담에는 아주아주 매운 음식이 나와.

특히 토론할 때
써먹을 수 있대

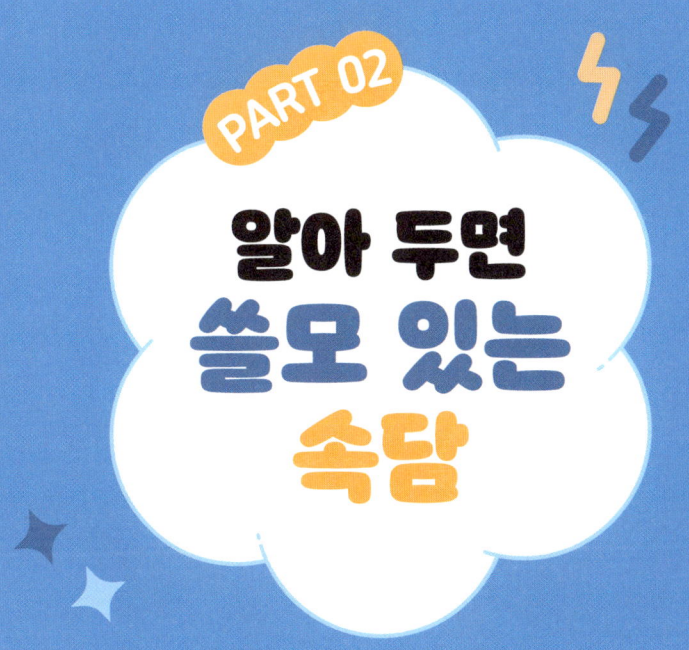

24. 고양이 목에 방울 달기

| 고 | 양 | 이 | | 목 | 에 | | 방 | 울 |
| 달 | 기 | | | | | | | |

불가능한 일을 두고 의논만 한다는 말이야.
 흠, 쥐들이 힘을 합쳐 봤자 고양이 목에 방울을 달 수 있을까?

새로 나온 게임기가 너무 갖고 싶어서
형과 머리를 맞대었어.
이른바 게임기 갖기 대작전!

"엄마랑 아빠한테 말씀드리는 거야.
게임기를 사 주시면 공부를 열심히 하겠다고."

"그러자! 그런데 형이 말씀드릴 거지?"

"네가 하는 게 좋지 않을까?
나는 게임을 너무 많이 해서 엄마한테 찍혔다고."

"그러다 나도 엄마한테 찍히면 어떡해?"

"……."
"……."

25. 공든 탑이 무너지랴

공	든		탑	이		무	너	지	랴.

🔸 **정성 들여 한 일은 쉽게 무너지지 않는다**는 말이야.

드디어 학예 발표회 날이야!
할아버지, 할머니, 아빠, 엄마 모두 오신다고 하셨어.
우리 반은 치어리딩을 해.

혹시 실수하면 어쩌지?
박자를 놓치면 어쩌지?
갑자기 걱정이 파도처럼 밀려와.

불안해 하는 나에게 친구가 다가왔어.

"우리는 오래전부터 아주 열심히 연습했잖아.
공든 탑은 안 무너져!"

그래, 오랫동안 열심히 연습했으니 잘할 거야.

26 구르는 돌에는 이끼가 끼지 않는다

구르는 돌에는 이끼가 끼지 않는다.

- **끊임없이 노력하는 사람은 계속해서 발전한다**는 말이야.

내일은 상을 받으러 차를 타고 멀리 가야 해.
내가 쓴 동화책을 공모전에 냈는데 당선됐거든!
세상에, 내가 글로 상을 받을 줄 누가 알았겠어?

처음에는 한 줄 쓰는 것도 힘들었어.
하지만 안 쓰고 싶은 마음을
꾹꾹 누르고 계속 쓰다 보니
글쓰기 실력이 점점 발전했고
어느샌가 동화책 한 권을 완성할 수 있었어.

이렇게 계속 열심히 글을 쓰다 보면
작가가 될 수 있겠지?

27. 구슬이 서 말이라도 꿰어야 보배

구	슬	이		서		말	이	라	도
꿰	어	야		보	배				

🔵 아무리 좋은 것도 **쓸모 있게 만들어야 한다**는 말이야.

설날 음식을 만들기 위해
온 가족이 모여 앉았어.
지금부터 꼬치를 만들어 보자!

햄, 파, 단무지, 맛살이 나란히 놓여 있어.
맛이 궁금해서 (파는 빼고) 하나씩 따로 먹어 봤어.
맛있긴 한데…… 뭔가 부족해.
정성껏 꿰어서 꼬치를 만들어
프라이팬에 노릇노릇 구웠어.
한번 맛을 볼까?

그래! 이 맛이야.

역시 꼬치로 만드는 게 좋겠어.
그래야 더 예쁘고 맛있으니까.

28 귀에 걸면 귀걸이, 코에 걸면 코걸이

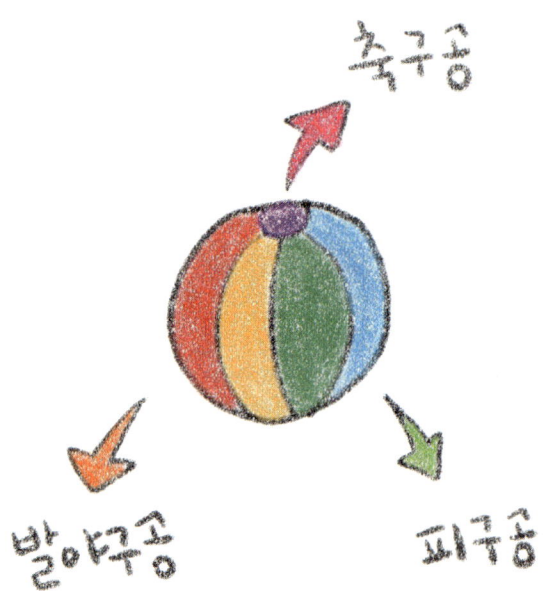

귀에 걸면 귀걸이,
코에 걸면 코걸이

원칙이 없이 상황에 따라 둘러댄다는 말이야.
어떤 사실이 이렇게도 저렇게도 해석된다는 말이기도 하지.

● ● ●

우리 반에는 공이 하나 있어.

축구 할 때는 축구공.
피구 할 때는 피구공.
발야구 할 때는 발야구공.

공 하나로 참 많을 걸 할 수 있어!

● ● ●

29 꿩 대신 닭

꿩		대	신		닭			

- 원하는 게 없으면 그만은 못하지만 **비슷한 것으로 대신한다**는 말이야.

♪ ♪

2인 1조 합창 대회에 누구와 함께 나가지?
아주 예쁜 목소리를 가진 소은이한테 말해 봐야지.

앗, 소은이는 벌써 다른 친구와 하기로 했대.

음······.
소은이만큼 목소리가 예쁘지는 않지만
노래를 잘하는 은지에게 말해 볼까?

"은지야, 나랑 같이 합창 대회 나갈래?"

30 꿩 먹고 알 먹고

꿩		먹	고		알		먹	고	

한 가지 일로 **두 가지 이익을 본다**는 말이야.

예방 주사를 맞으러 가는 날이야.
뾰족한 주사 바늘 때문에 잔뜩 겁에 질린 동생에게
아빠가 하시는 말씀.

"예방 주사 맞고 맛있는 피자 먹으러 가자!"

그래도 동생의 표정이 좀처럼 풀리지 않네.

병도 예방하고 맛있는 피자도 먹고,
게다가 용감하게 주사를 맞았다고
친구들한테 자랑도 할 수 있지.
주사를 맞으면 좋은 일이 두 배, 세 배인데.
이거야말로 꿩 먹고 알 먹고 아닌가?
동생아, 생각을 바꾸라고!

31. 내 코가 석 자다

내	코가	석	자다.

내 일이 급해 다른 사람을 도와줄 수 없다는 말이야.

다음 주에 태권도 승급 심사를 보는데,
아직도 3품 품세를 완벽히 못 외웠어.

큰일 났다 큰일!
비상이다 비상!

땀을 뻘뻘 흘리며 연습하는데
1품 심사를 보는 동생이 다가왔어.

"형, 나 품세가 헷갈려.
순서 좀 알려 줘."

"동생아, 미안. 사범님께 알려 달라고 해."

일단 나도 내 것을 외워야 하거든.

32. 누이 좋고 매부 좋다

| 누 | 이 | | 좋 | 고 | | 매 | 부 | | 좋 |
| 다 | . | | | | | | | | |

어떤 일이 서로에게 좋다는 말이야.
참고로 매부는 손위 누이나 손아래 누이의 남편을 이르는 말이지.

✦ ✦ ✦

과학을 어려워하는 짝꿍을 도와주는 나는
꼬마 과학 선생님이야.

"고마워 친구야!
네 덕분에 과학 교과서가 이해됐어."

"내가 더 고마운걸?
너한테 가르쳐 주면서
한 번 더 공부할 수 있었거든."

친구도 나도 과학을 더 잘 이해하게 되었으니,
이게 바로 누이 좋고 매부 좋은 거구나!

✦ ✦ ✦

33. 눈 감으면 코 베어 먹을 세상

눈		감	으	면		코		베	어
먹	을		세	상					

· **잠시 한눈을 팔면 큰 피해를 당할 만큼 세상이 악하다**는 말이야.

신나는 과자 파티 시간.
모두 앞에 있는 과자를 개봉 박두!

먹기 시작하려는 순간!
앗, 손 씻는 걸 깜빡했다는 사실이 떠올랐어.
얼른 화장실로 달려가 손만 씻고 왔지.

엥, 내 과자!
다 어디 갔지?

34. 똥 묻은 개가 겨 묻은 개 나무란다

큰 잘못을 한 사람이 작은 잘못한 사람을 지적한다는 말이야.
'겨'는 곡식의 껍질을 말해. 당연히 겨보다 똥이 더 더럽겠지?

사회 시간이 되어 교과서를 꺼냈는데
교과서에 그만 물을 쏟았어!
부랴부랴 물을 털고 창가에 교과서를 널었지.
그러자 시작되는 친구의 잔소리 폭탄.

"교과서를 아낄 줄 알아야지!
물을 쏟다니, 나로서는 상상도 못 할 일이야.
다음부터는 실수하지 말도록 해."

그러고는 뭐라고 하는 줄 알아?

"으앙, 교과서를 집에 두고 왔어."

35 뛰는 놈 위에 나는 놈 있다

뛰	는		놈		위	에		나	는
놈		있	다	.					

● **아무리 잘났어도 그보다 더 잘난 사람이 있으니 항상 겸손해야 한다**는 뜻이야.

"너 영어 말하기 실력이 많이 늘었구나."
영어 학원 선생님에게 참 잘한다고 칭찬을 받았어.
신나는 기분으로 놀이터에서 그네를 흔들흔들.

어라, 저기 평상에 이웃집 할머니가 계시네.
내 영어 실력을 자랑하고 싶어서 할머니에게 달려갔지.

"할머니, 저는 영어 말하기 고수예요.
할머니께도 영어를 알려 드릴게요!"

한참 동안 할머니에게 영어로 말하는데
뭔가 이상해.
할머니가 나보다 영어를 잘하시는 것 같은데…….

알고 보니 할머니, 영어 선생님이셨대.
그런 할머니에게 영어를 알려 드리겠다고 했다니
너무 창피해!

36. 바늘방석에 앉은 것 같다

바늘방석에 앉은 것 같다.

매우 불편한 상황이나 자리를 나타내는 말이야.

✹✹✹

나는 노래를 잘하지 못해.
춤추는 것도 좋아하지 않아.

그런데 집에 놀러 온 친척들이
내가 한 살 더 먹은 기념으로
장기자랑을 해 보래.

모두 기대하는 눈빛으로 나를 바라봐.

동물원에 갇힌 원숭이가 된 것만 같아.
우리에 갇힌 코끼리가 된 것만 같아.
바늘방석에 앉은 것 같아.

✹✹✹

37 발 없는 말이 천 리 간다

발		없	는		말	이		천
리		간	다	.				

💧 말은 순식간에 퍼지니 **항상 말조심해야 한다**는 뜻이야.

💙💛💙

나는 준하가 참 좋아.
준하는 인사를 잘해.
준하는 항상 밝은 미소를 지어.
준하는 힘이 되는 말을 자주 해.

"언니, 나 좋아하는 친구가 생겼어."

소곤소곤.
나만의 비밀을 옆집 언니에게 조용히 말했어.
언니에게 절대 비밀이라고 신신당부했지.

다음 날 학교에 갔더니 선생님이 하시는 말씀.

"오늘은 짝꿍을 바꾸는 날이에요.
아, 지혜는 준하랑 짝꿍하고 싶지요?"

나랑 언니만 아는 비밀인데 선생님은 어떻게 아셨지?

💙💛💙

38 배보다 배꼽이 더 크다

배	보	다		배	꼽	이		더	
크	다	.							

• 기본이 되는 것보다 덧붙이는 것이 더 많거나 커진 경우를 말해.

줄넘기 줄을 사러 가게에 왔어.
매일 줄넘기 오십 개를 할 거야.

우선 멋있는 빨간 줄넘기 줄을 샀어.

편하게 될 수 있도록 운동화도 사야지.
넘어질 수도 있으니 무릎 보호대도 필요해.
팔꿈치 보호대도 있어야겠어.
앗, 머리를 다칠 수도 있으니 헬멧도 사야 해.
땀을 닦을 수건도!

줄넘기 줄 가격 칠천 원,
그 외 물건들의 가격 오억 원.

39 빛 좋은 개살구

빛		좋은		개	살	구	

겉모양은 그럴싸한데 실속이 없다는 말이야.
- 개살구는 생긴 건 예쁜데 아주 시고 떫어서 먹기 힘들거든.

✦✧✦

교실에 있는 공기청정기는
빛 좋은 개살구야.
고장 났는데 고치질 않거든.
좁은 교실에서 자리만 차지하지.

겉모양만 그럴듯하고
하나도 소용없는 기계.

✦✧✦

40 수박 겉핥기

수	박		겉	핥	기			

수박을 핥기만 하면 진짜 수박 맛을 알겠어?
> 이처럼 **사물의 속 내용은 모르고 겉만 건드리는 걸 말해**.

종이접기 시간.
우리 모둠은 산타클로스를 접어야 하는데,
자신만만해 보이는 영서에게 배우기로 했지.

"나만 믿어! 나는 종이접기에 대해 꽤 알거든.
이 정도는 식은 죽 먹기야."

우리 모두 영서만 믿고 접기 시작했지.

20분이 지났는데
완성될 기미가 하나도 안 보여.

알고 보니 영서는
종이접기를 직접 해 본 적이 없대.
종이접기를 하는 동영상만 봤다지 뭐야?

41 싼 게 비지떡

싼		게		비	지	떡		

• 비지떡은 두부 찌꺼기로 만든 떡인데, 저렴하지만 맛은 없어.
  즉 싼 물건은 품질도 그만큼 나쁘다는 말이야.

아빠와 동생들과 배드민턴 시합을 했어.
아빠와 내가 한 팀, 동생 둘이 한 팀이야.

나의 스매시를 받아랏!

앗, 너무 세게 쳤는지 라켓이 부러지고 말았어!

엄마 아빠가 다가와 말했어.
"괜찮아? 어디 다친 곳은 없니?"
"싸게 산 물건이라 튼튼하지 않나 보다."

"엄마, 아빠, 전 가장 싼 라켓으로 살래요.
남는 돈으로 간식 사 주세요."
라고 말했던 과거의 나,
왜 그랬을까?

42 윗물이 맑아야 아랫물이 맑다

윗	물	이		맑	아	야		아	랫
물	이		맑	다	.				

윗사람이 잘해야 아랫사람도 따라서 잘한다는 말이야.

동생이 자꾸 나쁜 말을 해.
대체 어디서 배운 거지?

당장 엄마에게 일러바쳤어.
그러자 엄마가 하시는 말씀.

"안 그래도 말하려고 했는데,
네가 요새 무슨 말을 쓰는지 잘 돌아보렴.
동생이 그런 나쁜 말을 어디서 배웠을까?"

아, 나한테서 배운 거였구나.

43 작은 고추가 맵다

작은 고추가 맵다.

작은 사람이나 물건이 더 강하고 야무질 수 있으니,
사람이나 물건을 겉만 보고 판단하지 말라는 말이야.

팔씨름 대회가 열렸어.
너도나도 소매를 걷고 대회에 참가했지.
한 팀 한 팀 승부가 나고,
드디어 결승전이 열렸어.
결과가 어떻게 될까?

"팔씨름 대회 1등은 지호입니다!"

우리 반에서 가장 키가 작은 지호가 1등을 하다니!
놀란 마음에 손바닥에 불이 나게 손뼉을 쳤어.

44 참새가 방앗간을 그냥 지나가랴

참	새	가		방	앗	간	을		그
냥		지	나	가	랴	.			

🔸 **좋아하는 것을 보고 지나치지 못한다**는 말이야.

💙💛💙

학원이 끝나고 친구들과
커다란 핫도그를 하나씩 사 먹었어.
나는 치즈 핫도그,
주원이는 노오란 핫도그,
고은이는 감자 핫도그.

볼록 튀어나온 배를 두드리며 집에 가는데
어디선가 매콤달콤한 냄새가 솔솔 나네.
우리가 가장 좋아하는 떡볶이 냄새!
주원이가 눈치를 보다가 슬쩍 말을 꺼냈어.

"우리 떡볶이도 먹고 갈까?"

역시 내 친구들이 떡볶이를 지나칠 리 없지.

💙💛💙

45. 친구 따라 강남 간다

친	구		따	라		강	남		간
다	.								

별로 하고 싶지 않은 일을
남에게 끌려서 덩달아 하게 됨을 이르는 말이야.

방과 후 학교에 글쓰기 수업이 열린대.
정말 신나! 이제 마음껏 글쓰기를 할 거야.
방과 후 학교 신청서를 들고 가는데
저 멀리서 친구가 말을 걸어 왔어.

"너 어디 가?"
"글쓰기 방과 후 학교 신청하러 가!"

신나서 말하다가 문득 드는 생각.
아, 친구랑 같이 하면 정말 좋겠다!

"너도 해 볼래? 같이 하자! 같이 가자!"
"음…… 좋아!"

어째 친구 목소리에서 주저함이 느껴지는 건
내 착각일까?

46 콩 한 쪽도 나누어 먹는 사이

콩 한 쪽도 나누어
먹는 사이

• 작은 것이라도 나누어 먹을 만큼 **돈독한 사이라는 말**이야.

나한테 사탕이 두 개 있어.
사과 맛 사탕 하나, 딸기 맛 사탕 하나.
보잘것없지만 나누어 먹자!
너 하나, 나 하나.

나는 사과 맛이랑 딸기 맛 둘 다 좋아하니까
네가 좋아하는 맛을 너에게 주고
나는 네가 안 좋아하는 맛으로 먹을게.

47 하나를 보면 열을 안다

하나를 보면 열을
안다.

일부분을 보면 전체를 파악할 수 있다는 말이야.

✦✦✦

감기 때문에 학교에 가지 못해 사회 수업을 듣지 못했어.
옆집 사는 수영이의 사회 공책을 빌렸어.
수영이의 사회 공책을 보며 베끼고 있는데
엄마가 들여다보더니 이렇게 말씀하셨어.

"수영이는 사회를 아주 좋아하고 잘하나 보다."

"엄마, 그걸 어떻게 아셨어요?"

"수영이의 글씨체가 아주 바르잖니."
음, 사회뿐만 아니라 다른 공부도 잘할 것 같네.
엄마 말이 맞지?"

엄마는 귀신인가? 점쟁이인가?

✦✦✦

✏️ 초성 퀴즈! 초성과 뜻만 보고 어떤 속담인지 맞혀 보자.

① ㄱ ㅇ ㅇ ㅁ ㅇ ㅂ ㅇ ㄷ ㄱ

뜻풀이 불가능한 일을 두고 의논만 한다는 말이야.

② ㅂ ㅂ ㄷ ㅂ ㄲ ㅇ ㄷ ㅋ ㄷ

뜻풀이 기본이 되는 것보다 덧붙이는 것이 더 많거나 커진 경우를 말해.

③ ㅇ ㅁ ㅇ ㅁ ㅇ ㅇ ㅇ ㄹ ㅁ ㅇ ㄴ ㄷ

뜻풀이 윗사람이 잘해야 아랫사람도 따라서 잘한다는 말이야.

④ ㄲ ㅁ ㄱ ㅇ ㅁ ㄱ

뜻풀이 한 가지 일로 두 가지 이익을 본다는 말이야.

⑤ ㅈ ㅇ ㄱ ㅊ ㄱ ㅁ ㄷ

뜻풀이 작은 사람이나 물건이 더 강하고 야무지니, 사람이나 물건을 겉만 보고 판단하지 말라는 말이야.

• 정답 169쪽

✏️ 속담에 들어가는 적절한 단어를 찾아 줘.

❶ 좋아하는 것을 보고 지나치지 못한다는 뜻의 속담은?

_____가 방앗간을 그냥 지나가랴.

① 까치　　② 독수리　　③ 직박구리　　④ 참새

❷ 아무리 좋은 것도 쓸모 있게 만들어야 한다는 뜻의 속담은?

_____이 서 말이라도 꿰어야 보배.

① 구슬　　② 블록　　③ 과일　　④ 바늘

❸ 별로 하고 싶지 않은 일을 남에게 끌려서 하게 된다는 뜻의 속담은?

친구 따라 _____ 간다.

① 여수　　② 종로　　③ 강남　　④ 포항

❹ 큰 잘못을 한 사람이 작은 잘못을 한 사람을 지적한다는 뜻의 속담은?

_____ 묻은 개가 _____ 묻은 개 나무란다.

① 똥, 오줌　　② 똥, 흙　　③ 똥, 겨　　④ 똥, 기름

113

조상님의 경험에서
우러나온 말이니까
새겨들어라

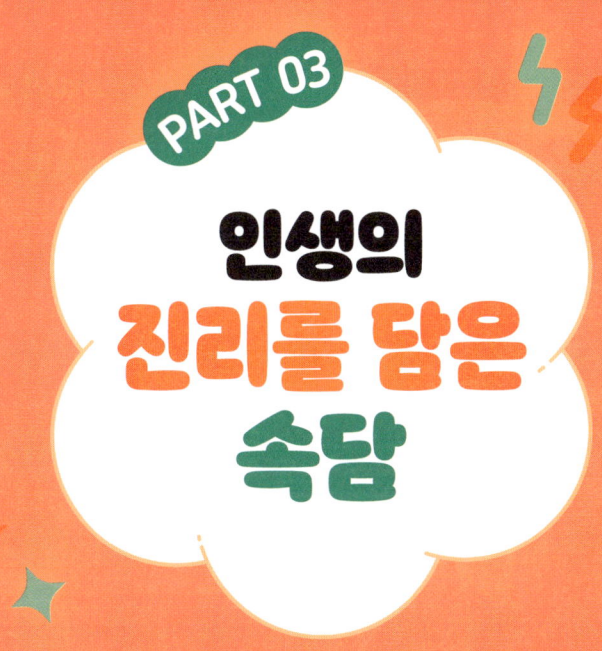

PART 03

인생의
진리를 담은
속담

48. 가랑비에 옷 젖는 줄 모른다

가랑비에 옷 젖는 줄 모른다.

사소한 것이 쌓여 매우 커진다는 말이야.

🔸🔸🔸

조금만 놀고 숙제해야지.
텔레비전을 켰어.
내가 가장 좋아하는 만화가 나오잖아!
정말 재밌다.

딱 15분만 보고 숙제해야지.

음, 10분만 더 봐야지.

흠, 5분만 더 봐야지.
…….

"딸! 텔레비전 앞에 2시간을 앉아 있네!"

🔸🔸🔸

49 개구리 올챙이 적 생각 못 한다

개	구	리		올	챙	이		적	
생	각		못		한	다	.		

어렵거나 잘하지 못했던 **자신의 옛날 생각을 하지 못하고 처음부터 잘되거나 잘했던 것처럼 잘난 체한다**는 말이야.

"삑!"

경쾌한 호루라기 소리와 함께
6학년 형들과의 피구 경기가 시작됐어.

"퍽!"

6학년 형이 세게 던진 공에 맞았어.
나를 맞힌 형이 신나서 소리 지르네.

"오 예! 너 죽음!
꾸물거리지 말고 빨리 나가!
피구도 못하는 게!"

쳇! 그러는 자기는 처음부터 잘했나?

50 급히 먹는 밥이 체한다

급	히		먹	는		밥	이		체
한	다	.							

● **너무 급히 서둘러 일하면 잘못하고 실패하게 된다**는 뜻이야.
(밥은 천천히 먹도록 해!)

나는 서예 시간을 좋아해.
요리조리 신기하고 재밌는 붓글씨를 쓸 수 있거든.
그런데 칠판 앞에 있는 판본체를 써야만
내가 쓰고 싶은 글자를 쓸 수 있어.
내가 쓰고 싶은 글자를 빨리 쓰고 싶은 마음에
붓을 급히 휘둘렀지.

슥슥슥⋯⋯ 투두툭!

"안 돼!"

먹물이 그만 여백에 튀고 말았어!

처음부터 다시 시작해야 해.
서두르다가 오히려 시간을 더 빼앗겼어.

51 길고 짧은 것은 대어 보아야 안다

| 길고 | 짧은 | 것은 | 대 |
| 어 | 보아야 | 안다. | |

크고 작고, 이기고 지고, 잘하고 못하는 것은
실제로 겨루어 보거나 겪어 보아야 알 수 있다는 말이야.

"너희 반은 이번에도 축구 경기에서
꼴등을 하겠지 뭐!"

옆 반 친구들이 우리 반을 무시해.

그래, 우리 반이 저번 축구 대회에서 꼴등을 하긴 했어.
하지만 꼴찌 탈출을 위해
중간 놀이 시간과 점심시간마다
이를 아득바득 갈며 연습했다고.

누가 이길지는 모르는 거야.
길고 짧은 건 대어 보아야 아는 법 아니겠어?
두고 봐!

52 남의 떡이 더 커 보인다

남의 떡이 더 커 보인다.

- **같은 것도 남의 것이 더 좋아 보인다**는 말이야.

오늘의 급식 메뉴는 새우튀김!

그런데 내가 받은 새우튀김은 길이도 짧고 홀쭉해.
친구가 받은 새우튀김은 아주 통통한데.

친구한테 불평하려는 순간,
친구가 나한테 이렇게 말하네.

"왜 내 것만 작지?
네가 받은 새우튀김은 통통한데!"

53 낮말은 새가 듣고 밤말은 쥐가 듣는다

낮	말	은		새	가		듣	고	
밤	말	은		쥐	가		듣	는	다.

아무리 비밀스럽게 한 말도
결국 남의 귀에 들어가니 말은 조심해야 한다는 뜻이야.

"너 어제 이불에 오줌 쌌다며?"

맞아. 어제 내가 이불에 오줌을 쌌어.

나는 등굣길에 혼잣말을 했을 뿐인데,
친구는 대체 어떻게 알았지?

54. 늦게 배운 도둑이 날 새는 줄 모른다

늦게 배운 도둑이
날 새는 줄 모른다.

• **뒤늦게 관심 가진 일에 열중하는 사람을 이르는 말**이야.

친구들 사이에서 뜨개질이 유행인데,
손만 아플 것 같아서 하지 않았지.
그러다 친구들의 꼬임에 넘어가
나도 뒤늦게 뜨개질을 시작했어.

대바늘을 실에 걸어 당기니까 마법처럼 모양이 생겨.
이거, 생각보다 재밌잖아?

정신없이 뜨개질을 하다가
아주 밤늦게 자고 말았어.

다음날 눈을 비비며 나오는 내게 엄마가 말씀하시네.

"뜨개질하다가 늦게 잤지?
늦게 배운 도둑이 날 새는 줄 모른다더니!"

55 달걀로 바위 치기

달	걀	로		바	위		치	기	

대항해도 도저히 이길 수 없는 경우를 말해.
(때로는 길고 짧은 걸 대어 보지 않아도 알 수 있는 법이지.)

우진이는 1학년 축구왕이야.
친구들의 칭찬에 자신감이 붙은 우진이는
친구들과 함께
6학년 형들에게 도전장을 내밀었어.

결과는……
6:0 참패.
역시 1학년이 6학년을 이기는 건 불가능해.

56 달면 삼키고 쓰면 뱉는다

달면 삼키고 쓰면 뱉는다.

- 옳고 그름이나 인간과 인간 사이의 믿음은 무시하고, **자기한테 이익이 될지만 생각한다는 말**이야.

✦✦✦

예은이가 청소를 도와주면 붕어빵을 사 주겠대.
나는 바로 빗자루를 집어 들었어.
내가 좋아하는 붕어빵이 눈앞에 아른거려.

"어라? 지갑이 어디 있지? 집에 놓고 왔나 봐.
어떡하지?"

예은이의 말에 나는 슬며시 빗자루를 내려놨어.

"예은아, 나 학원 가야 하는 걸 깜박했네!"

✦✦✦

57 등잔 밑이 어둡다

등	잔		밑	이		어	둡	다	.

- **가까운 곳에서 생긴 일을 도리어 잘 모른다는 말이야.**

휴대 전화가 사라졌어.
온 집안을 샅샅이 뒤져 봐도 없어.

"엄마, 제 휴대 전화 보셨어요?"
"방금까지 들고 있었잖아. 잘 찾아보렴."

"누나, 내 휴대 전화 봤어?"
"내가 전화해 볼게."

"따르르릉."

이럴 수가!
내 주머니 안에서 벨 소리가 들려.

58 물에 빠지면 지푸라기라도 잡는다

물	에		빠	지	면		지	푸	라
기	라	도		잡	는	다	.		

• **급할 때는 무엇이나 닥치는 대로 잡고 늘어지게 됨을 이르는 말이야.**

"으악! 피가 나!"
친구와 공깃돌 놀이를 하는데 갑자기 코피가 났어.
어제 잠을 잘 자지 못해서 그런가?
재채기를 참아서 그런가?

아무튼 코피를 옷에 흘리면 안 돼!
급한 마음에 옆에 있는 무언가를 잡고 코를 막았어.

"너 왜 색종이로 코를 닦고 있어?"

아, 내가 집은 무언가가 색종이였나 봐.
뻣뻣한 종이 때문에 코가 조금 아프지만
그래도 옷에 코피를 흘리지 않아 다행이지 뭐야.

59 백지장도 맞들면 낫다

| 백 | 지 | 장 | 도 | | 맞 | 들 | 면 | | 낫 |
| 다 | . | | | | | | | | |

● 아무리 쉬운 일도 **혼자보다 함께 하면 쉽다**는 뜻이야.

아빠가 수건을 개고 있길래
얼른 가서 같이 개기 시작했어.

수건을 개는 일은 참 쉬워.
기다랗고 네모난 수건을 절반 접고
또 절반 접고
또 절반만 접으면 되거든.
난 수건 하나를 5초 만에 갤 수 있어.
1초 2초 3초 4초 5초! 짜잔!

그런데 아빠는 내가 도와줘서 정말 고맙대.
전혀 힘들지 않은데 왜 고맙다고 하실까?

"아무리 쉬운 일도 나누어서 하면
더욱 쉬워지니까.
아들, 정말 고마워!"

60. 벼는 익을수록 고개를 숙인다

| 벼 | 는 | | 익 | 을 | 수 | 록 | | 고 | 개 |
| 를 | | 숙 | 인 | 다 | . | | | | |

● **학식이 높아지거나 뛰어나게 될수록 도리어 겸손해진다**는 말이야.

"강우야, 너 요리를 정말 잘한다."
"너희들이 좋은 재료를 준비해서 그래."

"네가 골을 넣어서 우리 반이 이겼어! 강우 최고!"
"우리 모두 열심히 뛴 결과야."

"강우야, 넌 어쩜 내 이야기를 잘 들어 주니?"
"네가 이야기를 재미있게 하잖아."

강우는 칭찬을 들어도 절대 잘난 체하지 않아.

61. 사공이 많으면 배가 산으로 간다

사공이 많으면 배가 산으로 간다.

● 여러 사람이 자기주장만 내세우면 일이 꼬이거나 잘되지 않는다는 말이야.

가족회의가 열렸어.
주제는 이번 주 외식 메뉴 정하기!

그런데 어쩌면 좋지?
서로 원하는 게 다 달라.

아빠는 소고기
엄마는 피자
나는 삼겹살
언니는 스파게티
동생은 치킨

우리 가족, 이번 주에 외식할 수 있을까?

62 세 살 적 버릇이 여든까지 간다

세		살		적		버	릇	이	
여	든	까	지		간	다	.		

🟢 **한 번 생긴 버릇은 좀처럼 고치기 힘들다는 말이야.**

※ ※ ※

"너 아기야?"

손톱을 물어뜯는 내 모습을 보고 친구가 말했어.
나는 여덟 살이야! 아기가 아니야!

손톱 밑에 세균이 바글바글한 것도 알고
손톱을 물어뜯으면 이가 못생겨진다는 사실도 알아.
좋지 않은 습관이라
고쳐야 하는 걸 분명히 아는데…….

잘 고쳐지지 않아.
다섯 살 때부터 생긴 버릇이라 그런가 봐.

※ ※ ※

63. 시작이 반이다

시작이 반이다.

- **시작이 중요하다**는 말이야. 왜냐, 무슨 일이든 시작하기가 어렵지 일단 시작하면 일을 끝마치기는 그리 어렵지 않거든.

"오늘의 숙제는
〈창 밖을 보라〉를 다섯 번 치는 것이에요.
꼭 해 오세요!"

피아노 학원에서 숙제를 내 줬어.
으아, 놀고 싶은데 숙제라니!

하기 싫어서 3시간은 외면하다가
마침내 마음먹고 피아노 앞에 앉았어.

숙제를 15분 만에 후딱 해치웠지 뭐야!
시작이 반이라는 말이 진짜인가 봐.

64 아는 길도 물어 가라

아는 길도 물어 가라.

아무리 쉬운 일이나 잘 아는 것도
신중하고 꼼꼼하게 살펴보아야 한다는 말이야.

교내 수학 경시대회에 참여했어.

으하하, 다 아는 문제들이구만!
문제가 술술 풀려.

다 풀었으니 이만 선생님께 시험지 내고 나갈까?
아니면 한 번 더 보고 갈까?

한 번만 더 보고 나가자.
아는 길도 물어 가랬어.
자신 있다고 방심하면 안 돼.

65 아니 땐 굴뚝에 연기 날까

아	니		땐		굴	뚝	에		연
기		날	까	.					

**모든 일에는 그럴 만한 이유가 있고,
실제 어떤 일이 있었기 때문에 말이 남을 이르는 말이야.**

♪♪♪

친구가 내게 넌지시 물어봤어.
"너 바이올린을 그렇게 잘한다며?"

나는 피아노, 비올라, 리코더, 오카리나, 장구, 단소,
우쿨렐레, 플루트, 기타를 잘해.

그런데 바이올린은 하나도 몰라.

왜 내가 바이올린 천재라는 소문이 났을까?
다양한 악기를 잘 다루어서 그런가 봐.
잘못된 소문이지만
왜 그런 소문이 났는지는 알겠다.

♪♪♪

66. 좋은 약은 입에 쓰다

좋	은		약	은		입	에		쓰
다	.								

필요한 말은 듣기 싫지만 내게 이롭다는 말이야.

이웃집 미나네 집에 김치를 가져다 주려고 나가는데
아빠가 틈새를 놓치지 않고 잔소리를!

"마스크를 쓰고 나가야지!"

아오, 듣기 싫어.
다다다닷 재빨리 다녀오면 괜찮을 거야.

미나네 어머니께 김치를 드리고 집에 다시 왔는데,
텔레비전에서 특보가 나오네.

"미세먼지가 30년 만에 최악을 기록했습니다.
꼭 마스크를 하십시오."

나에게 도움이 되는 아빠의 말씀이
왜 듣기가 싫었을까?

67 짚신도 제짝이 있다

짚	신	도		제	짝	이		있	다.

● 아무리 보잘것없는 사람이라도 **누구나 어울리는 짝이 있다**는 말이야.

반에서 가장 수다스러운 예은이는
이야기를 잘 들어 주는 지혜와 짝꿍이 됐어.

글씨를 정말 예쁘게 쓰는 가은이는
글씨 쓰기를 어려워하는 하영이와 짝꿍이 됐어.

공부는 꼴찌지만 놀기 1등인 나는
책 읽기를 좋아하는 얌전한 정현이와 짝꿍이 되었어.
정현이가 재미있는 나를 좋아하는 눈치야.

누구에게나 자기와 어울리는 짝이 있나 봐.

68. 천 리 길도 한 걸음부터

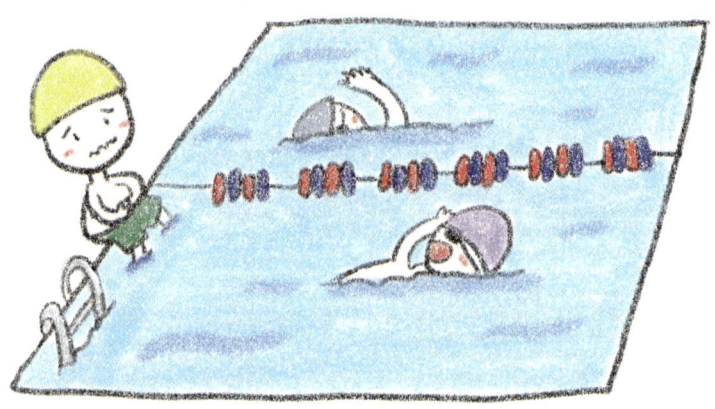

천	리		길	도		한		걸
음	부	터						

아무리 큰 일도 처음에는 작은 일부터 시작되고,
작은 일이 쌓여서 큰 성과를 이루게 된다는 뜻이야.

학교 수영부에 들어갔어.
아름다운 돌고래처럼 수영을 즐기는 선배들!
정말 멋져 보여.

나도 자유형, 배영, 평영, 접영 모두 배우겠어!
오늘 수업이 끝나면 나도 선배들처럼 수영할 수 있겠지?

꼬로록.
물에 뜨지도 못했어.

알고 보니 발로 물장구 치는 법부터 배워야 한대.
천 리 길도 한 걸음부터,
수영 천재가 되려면 물장구부터!

69. 첫술에 배부르랴

첫술에 배부르랴.

- 어떤 일이든지 **단번에 만족할 수는 없다**는 말이야.

앙증맞고 귀여운 다육이!
뾰족뾰족 내 손가락처럼 생겼어.

다육이의 키는
나의 넷째 손가락 정도야.
무럭무럭 자라길 기대하는 마음으로 물부터 줬어.
언제쯤 나의 둘째 손가락만큼 자랄까?
오늘? 내일? 다음 주?

"물 한 번 줬다고 갑자기 쑥 크지 않아.
인내심을 가지고 꾸준히 돌보아 주렴."

엄마의 말씀에 정신이 번쩍 든다.
다육아, 미안해. 내가 너무 마음이 급했지?

70 티끌 모아 태산

티	끌		모	아		태	산	

● 아무리 작은 것도 **모이고 모이면 아주 커진다**는 말이야.

✦✦✦

땡그랑!
오늘도 돼지 저금통에 백 원을 넣었어.
그런데 동생은 내가 이해가 안 된다는 듯이 이야기해.

"누나, 그렇게 백 원씩 넣어서 뭐 얼마나 되겠어?
과자 한 봉지라도 사 먹을 수 있겠어?"
"너, 티끌 모아 태산이라는 말 몰라?"

살짝 화가 난 나는 동생과 함께
돼지 저금통의 배를 열었어.
백 원, 이백 원, 오백 원짜리 동전이 쏟아지네.
하나하나 열심히 세었더니…….

삼만 육천 오백 원!

"누나, 티끌 모아 태산이 맞네."

✦✦✦

✏️ 초성 퀴즈! 초성과 뜻만 보고 어떤 속담인지 맞혀 보자.

❶ ㄷ ㅈ ㅁ ㅇ ㅇ ㄷ ㄷ

_____ _____ .

뜻풀이 가까운 곳에서 생긴 일을 도리어 잘 모른다는 말이야.

❷ ㅈ ㅅ ㄷ ㅈ ㅉ ㅇ ㅇ ㄷ

_____ _____ _____ .

뜻풀이 아무리 보잘것없는 사람이라도 누구나 어울리는 짝이 있다는 말이야.

❸ ㄱ ㄹ ㅂ ㅇ ㅇ ㅈ ㄴ ㅈ ㅁ ㄹ ㄷ

_____ _____ _____ .

뜻풀이 사소한 것이 쌓여 매우 커진다는 말이야.

❹ ㅇ ㄴ ㄱ ㄷ ㅁ ㅇ ㄱ ㄹ

_____ _____ .

뜻풀이 아무리 쉬운 일이나 잘 아는 것도 신중하고 꼼꼼하게 살펴보아야 한다는 말이야.

❺ ㅌ ㄲ ㅁ ㅇ ㅌ ㅅ

_____ _____ .

뜻풀이 아무리 작은 것도 모이고 모이면 아주 커진다는 말이야.

✏️ 짝꿍끼리 서로 연결해 줘.

벼는 익을수록	밤말은 쥐가 듣는다
천 리 길도	여든까지 간다
늦게 배운 도둑이	쓰면 뱉는다
길고 짧은 것은	날 새는 줄 모른다
물에 빠지면	연기 날까
달면 삼키고	대어 보아야 안다
아니 땐 굴뚝에	배가 산으로 간다
낮말은 새가 듣고	고개를 숙인다
사공이 많으면	지푸라기라도 잡는다
세 살 적 버릇이	한 걸음부터

속담 찾아보기

가는 날이 장날이다	014
가랑비에 옷 젖는 줄 모른다	116
가재는 게 편이다	016
간에 기별도 안 가다	018
개같이 벌어서 정승같이 쓴다	020
개구리 올챙이 적 생각 못 한다	118
고래 싸움에 새우 등 터진다	022
고양이 목에 방울 달기	064
고양이 보고 반찬 가게 지켜 달란다	024
고양이 쥐 생각	026
공든 탑이 무너지랴	066
구르는 돌에는 이끼가 끼지 않는다	068
구슬이 서 말이라도 꿰어야 보배	070
귀에 걸면 귀걸이, 코에 걸면 코걸이	072
그림의 떡	028
급히 먹는 밥이 체한다	120
길고 짧은 것은 대어 보아야 안다	122
꿀 먹은 벙어리	030
꿩 대신 닭	074
꿩 먹고 알 먹고	076

ㄴ

남의 떡이 더 커 보인다	124
남의 잔치에 감 놔라 배 놔라 한다	032
낫 놓고 기역 자도 모른다	034
낮말은 새가 듣고 밤말은 쥐가 듣는다	126
내 코가 석 자다	078
누이 좋고 매부 좋다	080
눈 감으면 코 베어 먹을 세상	082
눈코 뜰 새 없다	036
늦게 배운 도둑이 날 새는 줄 모른다	128

ㄷㅁㅂ

다 된 죽에 코 풀기	038
달걀로 바위 치기	130
달면 삼키고 쓰면 뱉는다	132
등잔 밑이 어둡다	134
땅 짚고 헤엄치기	040
똥 묻은 개가 겨 묻은 개 나무란다	084
뛰는 놈 위에 나는 놈 있다	086
마른하늘에 날벼락	042
못 먹는 감 찔러나 본다	044
물에 빠지면 지푸라기라도 잡는다	136

165

바늘방석에 앉은 것 같다	088
발 없는 말이 천 리 간다	090
배보다 배꼽이 더 크다	092
백지장도 맞들면 낫다	138
벼는 익을수록 고개를 숙인다	140
불난 집에 부채질한다	046
빛 좋은 개살구	094

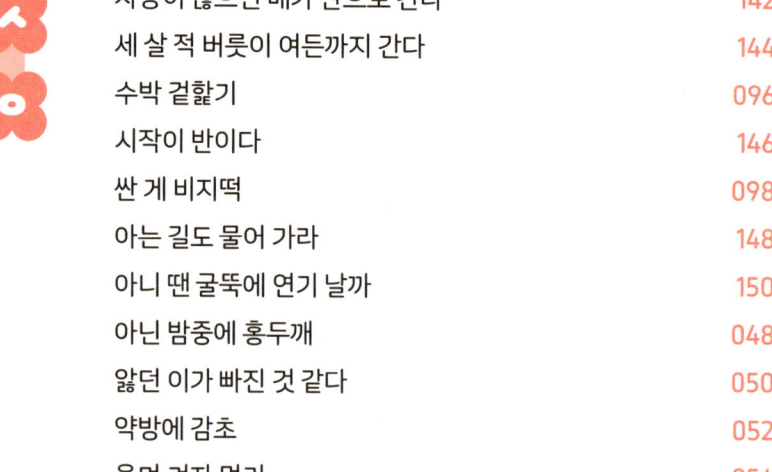

사공이 많으면 배가 산으로 간다	142
세 살 적 버릇이 여든까지 간다	144
수박 겉핥기	096
시작이 반이다	146
싼 게 비지떡	098
아는 길도 물어 가라	148
아니 땐 굴뚝에 연기 날까	150
아닌 밤중에 홍두깨	048
앓던 이가 빠진 것 같다	050
약방에 감초	052
울며 겨자 먹기	054
윗물이 맑아야 아랫물이 맑다	100

작은 고추가 맵다	102
좋은 약은 입에 쓰다	152
짚신도 제짝이 있다	154
참새가 방앗간을 그냥 지나가랴	104
천 리 길도 한 걸음부터	156
첫술에 배부르랴	158
친구 따라 강남 간다	106
콩 한 쪽도 나누어 먹는 사이	108
티끌 모아 태산	160
하나를 보면 열을 안다	110
하룻강아지 범 무서운 줄 모른다	056
호박이 넝쿨째 굴러떨어졌다	058

정답

PART 01 푸하하, 재미있는 속담

60쪽

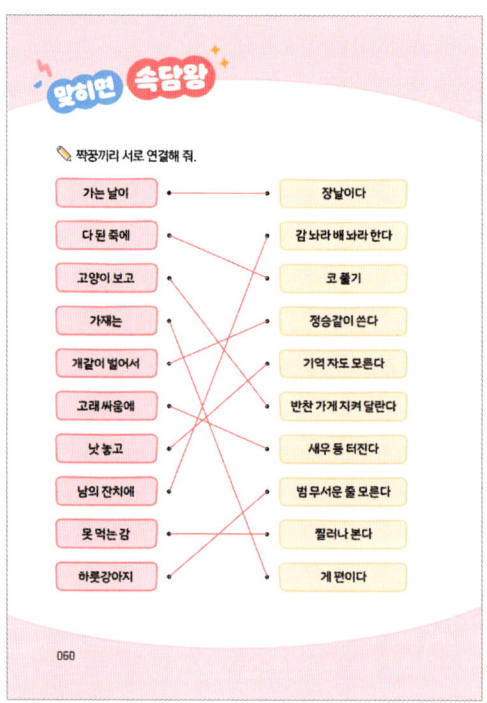

61쪽

❶ 꿀 먹은 벙어리
❷ 울며 겨자 먹기

알아 두면 쓸모 있는 속담

112쪽

① 고양이 목에 방울 달기

② 배보다 배꼽이 더 크다.

③ 윗물이 맑아야 아랫물이 맑다.

④ 꿩 먹고 알 먹고

⑤ 작은 고추가 맵다.

113쪽

① ④ 참새   ② ① 구슬
③ ③ 강남   ④ ③ 똥, 겨

인생의 진리를 담은 속담

`162쪽`

❶ 등잔 밑이 어둡다.

❷ 짚신도 제짝이 있다.

❸ 가랑비에 옷 젖는 줄 모른다.

❹ 아는 길도 물어 가라.

❺ 티끌 모아 태산.

163쪽

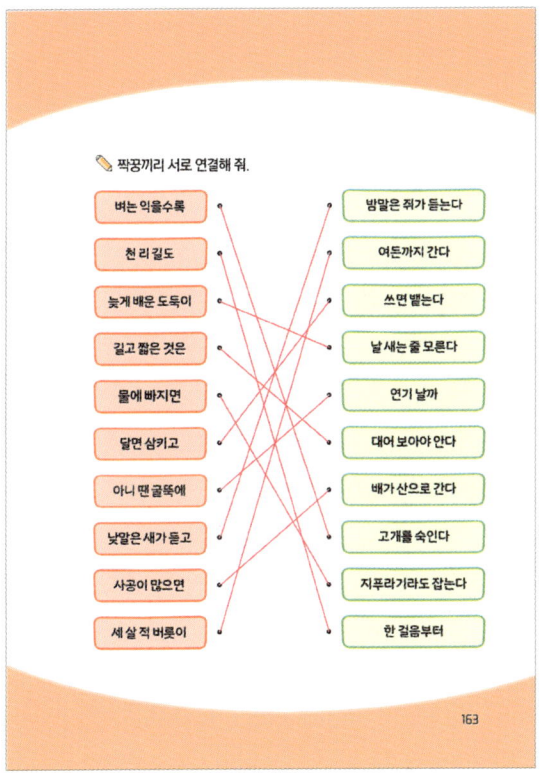

어휘력이 쑥쑥 자라는
알쏭달쏭 속담 사전

초판 1쇄 발행 2025년 9월 30일

글 한지혜
그림 최고은

펴낸이 김승지
편집 김도영
디자인 UD_Design

펴낸곳 사슴똥 출판사
출판등록 제2025-000134호
전화 070-4062-1908
팩스 02-6280-1908
주소 서울 마포구 동교로27길 53 지남빌딩 209호
이메일 deerpoopoo@naver.com
인스타그램 @deerpoopoo

ⓒ 한지혜 · 최고은, 2025

ISBN 979-11-992999-1-7 (73700)

· 저작권법에 의해 보호를 받는 저작물이므로 무단 전재와 복제를 금합니다.
· 이 책의 일부 또는 전부를 이용하려면 저작권자와 사슴똥의 동의를 얻어야 합니다.
· 책값은 뒤표지에 있습니다. 잘못된 책은 구입하신 곳에서 바꾸어 드립니다.